AF543659

W( )RT
MELDUNGEN
Der Literaturpreis für kritische Kurztexte

Marion Poschmann

LAUBWERK

Mit einem Vorwort von Sandra Poppe
und Christiane Riedel sowie der Laudatio
auf die Wortmeldungen-Preisträgerin
von Christine Lötscher

VERBRECHER VERLAG

Für ihren ebenso poetischen wie engagierten Text »Laubwerk« erhält Marion Poschmann den mit 35.000 Euro dotierten WORTMELDUNGEN-Literaturpreis der Crespo Foundation. In der Begründung der Jury heißt es über den Text von Poschmann: »Ihre poetische Reflexion über unser intensives Zusammenleben mit Bäumen, unser Verhältnis zu Herbstlaub und Stadtbäumen macht einen Aspekt der Wirklichkeit sichtbar, der im Alltag kaum Beachtung findet. Damit trägt sie zu einer anderen Wahrnehmung des Zusammenlebens von Menschen, Tieren und Pflanzen bei und entwirft eine literarische Vision für eine klimagerechtere Zukunft. Der interkulturelle Blick, aber auch die Form spielen hier eine zentrale Rolle, denn Marion Poschmann verflicht Geschichte und Politik der Bäume zu einer vielstimmigen Assemblage.« Der Band enthält neben dem Essay ein Gespräch mit Marion Poschmann, ein Vorwort von Sandra Poppe und Christiane Riedel sowie die Laudatio auf die Preisträgerin von Christine Lötscher.

WORTMELDUNGEN – Der Literaturpreis für kritische Kurztexte ist ein Programm der Crespo Foundation. Der Frankfurter Stiftung ist es in ihrem Arbeitsschwerpunkt »Kunst« ein besonderes Anliegen, Kontexte zu schaffen, in denen Künstler*innen ihre Arbeit einer möglichst breiten Öffentlichkeit präsentieren können. Mit Marion Poschmanns »Laubwerk« führt die Crespo Foundation die Buchreihe »WORTMELDUNGEN« im Verbrecher Verlag fort.

INHALT

VORWORT

Ein Jahr Pandemie liegt hinter uns – und damit ein Jahr Fokussierung auf Reproduktionswerte, Inzidenzzahlen, exponentielles Wachstum, »Flatten the curve« und »Zero Covid«. Nach dem ersten Lockdown im Frühjahr 2020 wurde vielfach festgestellt, dass die Pandemie gesellschaftliche Missstände katalysiert, die ohnehin schon vorhanden waren – eine intensivere Beschäftigung mit Themen der sozialen Benachteiligung, prekären Arbeitsverhältnissen und dem Bildungsnotstand hat im öffentlichen Diskurs allerdings wenig stattgefunden. Die Diskussion scheint sich aktuell in Endlosschleife um die Corona-bedingten Problemstellungen zu drehen.

Zugleich wirkt es, als wären andere drängende Themen regelrecht eingefroren oder auf später verschoben – gerade die starke Fridays for Future-Bewegung und der von ihr explizit angemahnte Klimanotstand sind weitestgehend aus der Wahrnehmung verschwunden. Themen wie die Klimakrise werden zwar öffentlich angesprochen, aber ihre Dringlichkeit und der damit verbundene akute Handlungsbedarf werden nicht greifbar.

Es bräuchte dazu eine andere Kommunikationsform und eine andere Rezeptionsbereitschaft. Das genaue Hinsehen, das empathische Beschreiben, der Perspektivwechsel, die Möglichkeiten zu differenzieren, abzuwägen, auszuprobieren und damit Zusammenhänge spürbar zu machen, die vorher nicht wahrnehmbar waren – dies alles zeichnet literarisches Schreiben besonders aus.

Marion Poschmann führt uns das mit ihrem Text *Laubwerk* in besonderer Weise vor Augen. Der Klimanotstand als größte Krise der Menschheit lässt deutlich werden, worum es geht: Je mehr man die Dimensionen dieser Krise versteht, desto niederschmetternder und unfassbarer erscheinen sie. Die wissenschaftliche Forschung zum Thema ist komplex und reich an Daten, was in ihrer Vermittlung häufig dazu führt, dass sie sehr abstrakt bleibt. Damit stellt sich die Frage der Darstellbarkeit einer solchen umfassenden Krise. Marion Poschmann begegnet diesem Problem mit der Konzentration auf das Greifbare, indem sie den Baum und noch genauer den Stadt- und Straßenbaum in den Fokus ihres Textes rückt.

Dass unser Klima vor allem mit CO_2-Emissionen zu tun hat und Bäume in diesem für die Welt notwendigen Gleichgewicht eine entscheidende Rolle spielen, ist bekannt. Der Blick nach Brasilien als Lunge der Welt und die gleichzeitige Ohnmacht angesichts der Rodung des Regenwalds ist damit eng verbunden. Ebenso haben uns in den Jahren 2019 und 2020 Bilder und Berichte von Waldbränden in Australien und Kalifornien erschüttert. Der Blick in die Ferne lenkt jedoch häufig von dem ab, was auch vor unserer Haustür seit langem in erschütternder Weise sichtbar wird: der Zustand unserer Bäume. Diesem widmet sich Marion Poschmann in ihrem Text ganz explizit anhand des Straßenbaums und macht deutlich, wie groß hier der Handlungsbedarf ist. Sie spricht damit ein drängendes Thema an, das zwar nicht neu ist, sich aber durch die letzten heißen und trockenen Sommer immer mehr zuspitzt.

Im Wandel der Naturbeschreibungen vom 19. Jahrhundert bis in die Gegenwart erkennt man die zunehmende Bedrohung der Natur und die Notwendigkeit eines neuen literarischen Formats. Konnte im industriellen Zeitalter ein literarischer Eskapismus, beispielsweise die Schilderungen Adalbert Stifters, ebenso wie die Landschaftsgemälde der Impressionisten, noch dazu dienen, die Effekte der Industrialisierung auf die Umwelt zu leugnen, ist es heute im Zeitalter des Anthropozäns unabwendbar, sich des vom Menschen verursachten kritischen Zustands der Umwelt und des Klimas zu stellen. Marion Poschmann ist eine Vertreterin dieses neuen Genres der Literatur.

So konkret sie sich in ihrem Text dem Thema widmet, so literarisch und zugleich kämpferisch endet sie, wenn sie einen ganzheitlichen Blick einfordert, der den Menschen als Teil der Natur zeigt. Sie befindet sich damit in Einklang mit der wissenschaftlichen Endosymbionten-Theorie der Biologin Lynn Margulis und ihrer These eines gemeinsamen Wirkens aller Lebewesen auf einem »symbiotischen Planeten«. Poschmann konzentriert sich in ihrem Text auf einen Mikrokosmos der Natur, das Laubwerk von Bäumen. Anhand der differenzierten und literarisch expansiven Schilderung dieses Laubwerks liefert sie ein Modell für ihre Forderung.

Eben jene enge Verbindung aus literarischer Beschreibung und gesellschaftlich drängendem Thema rückt der WORTMELDUNGEN-Literaturpreis in den Mittelpunkt. Literatur hat sich zu verschiedenen Zeitpunkten als engagiert verstanden und tut dies auch heute wieder – das heißt, sie wird als ein Mittel konkreten politischen, sozialen und gesellschaftlichen Engagements interpretiert. Damit kommt ihr und den gegenwärtigen Autor*innen eine wichtige Rolle im öffentlichen Diskurs zu, der vor dem Hintergrund der oben geschilderten Lage – gerade auch in Zeiten von Pandemien – wichtiger ist denn je.

Die Crespo Foundation hat es sich mit dem WORTMELDUNGEN-Literaturpreis zur Aufgabe gemacht, diese

Rolle zu stärken. Unserer 2019 verstorbenen Stifterin Ulrike Crespo lag einerseits eine Unterstützung von Künstler*innen besonders am Herzen und andererseits eine Stärkung der Literatur und ihrer Möglichkeiten zur Einmischung in gesellschaftliche Diskurse.

WORTMELDUNGEN – *Der Literaturpreis für kritische Kurztexte* wurde 2017 zum ersten Mal ausgelobt. Seitdem sind Autor*innen einmal im Jahr dazu aufgefordert, ihre Texte zu einem aktuellen Thema von gesellschaftspolitischer Relevanz einzureichen. Die Texte dürfen nicht länger als 25 Seiten und nicht älter als zwei Jahre sein.

In der Annahme, dass gerade kürzere Texte besser auf aktuelles Geschehen reagieren können, sehen wir beides miteinander verbunden. Der Fokus auf die kurze Form hat aber noch zwei weitere Gründe: Zum einen ist sie innerhalb der deutschsprachigen Literatur stark vernachlässigt, da ihr gemeinhin keine große Marktgängigkeit zugesprochen wird – Kurzgeschichten, Erzählungen und Miniaturprosa verkaufen sich nach allgemeiner Auffassung schlechter als Romane. Wobei sich die Frage stellt, ob diese Annahme noch zutreffend ist oder ob angesichts der vielbeschworenen Schnelllebigkeit unserer Zeit kurze Texte den Bedürfnissen der Konsument*innen nicht eher entgegenkommen.

Zum anderen ist mit der kurzen Form eine höhere Chance verbunden, dass die ausgezeichneten Texte auch zeitnah von einem breiten Publikum gelesen werden.

Denn dies ist neben der Autor*innenförderung, die mit einer Dotierung von 35.000 Euro nicht unerheblich ist, das wichtigste Anliegen des WORTMELDUNGEN-Preises: Eine breite Öffentlichkeit für das Thema des Preisträger*innentextes zu erreichen und damit inner- wie außerliterarisch eine Debatte anzustoßen.

Daher ist die Preisverleihung nicht nur als Ehrung eines Menschen konzipiert, sondern ebenso als Diskussionsformat, in dessen Rahmen der Text und sein Thema mit Expert*innen aus Gesellschaft und Wissenschaft diskutiert wird. Die mit dem Preis Ausgezeichneten sind aufgefordert, das Thema des Diskussionsformats, die Ausrichtung der Diskussion sowie die Auswahl der Podiumsgäste mitzugestalten. Eine künstlerische Erarbeitung zum Thema des Preisträger*innentextes eröffnet zusätzliche Perspektiven.

Das WORTMELDUNGEN-Jahr wird von einem Thema bestimmt, das der Preisträger*innentext setzt. Zugleich steht es im Kontext vieler möglicher Themensetzungen, die sich unter anderem in der jeweiligen Shortlist – bestehend aus zehn Texten – widerspiegeln. Sowohl die Texte der Shortlist als auch die der Preisträger*innen verbinden hohe literarische Qualität und formale Innovation mit einem aktuellen Thema und treffen so den Nerv der Zeit. Um dem Anspruch einer solchen Setzung gerecht zu werden, ist die interdisziplinäre WORTMELDUNGEN-Jury mit sieben Expert*innen ganz unterschiedlicher Ausrichtungen besetzt: Neben Literaturkritik sind dies unter anderem Soziologie, Philosophie, politischer Journalismus sowie eine künstlerische Position.

Um innerliterarisch gezielt eine Debatte anzustoßen, formuliert die Person, die den Preis erhält, auch einen Aufruf zum Förderpreis, der eng mit dem Literaturpreis verbunden ist und thematisch aus ihm hervorgeht. Der Aufruf knüpft an den Preisträger*innentext an und bleibt zugleich offen genug für eine eigene künstlerische Ausarbeitung.

Während sich der Literaturpreis an bereits etablierte Autor*innen richtet, die ein eigenständiges literarisches Werk bei einem Literaturverlag veröffentlicht haben, sind mit dem Förderpreis junge Autor*innen unter 30 Jahren angesprochen, von denen noch kein literarisches Debüt vorliegt. Der mit insgesamt 15.000 Euro dotierte Förderpreis wird an drei Nachwuchsautor*innen vergeben. Auch für den Förderpreis wird eine Shortlist nominiert, die zehn Texte umfasst, um ein möglichst breites Spektrum an literarischen Antworten auf den Preisträger*innentext zu zeigen.

In diesem Jahr fordert Marion Poschmann die jungen Autor*innen in ihrem Förderpreisaufruf auf, sich wie sie selbst mit einer der dringlichsten Fragen unserer Zeit auseinanderzusetzen: *Vom Unsichtbaren schreiben, die Gegenwart sehen. Wie tritt der Klimawandel in Erscheinung?* Auch wenn diese Frage eine explizit literarische oder künstlerische ist, so weist sie doch weit darüber hinaus. Denn auch für diejenigen, die sich ganz konkret im Themenfeld Klimakrise engagieren, ist die Frage der Vermittlung von Erkenntnissen und Prognosen zum Zustand unserer Welt eine zentrale. An eben diesem Punkt sieht Poschmann den Beitrag der Literatur zum Klimadiskurs, indem sie »den (nichtpekuniären) Wert der verschwindenden Lebensräume, der verschwindenden Arten vor Augen« führt.

Frankfurt im März 2021
Sandra Poppe
Christiane Riedel

LAUBWERK

Marion Poschmann

Indian Summer

In den Neuenglandstaaten und Kanada machen sich jedes Jahr im Herbst unzählige Menschen auf in die Wälder, um die Laubfärbung zu sehen. In dieser Weltregion färben sich die Bäume in allen Schattierungen von Grün zu Gelb und Orange zu Rot. Insbesondere der Zuckerahorn kann bei günstigen Witterungsbedingungen ein flammendes Rot ausbilden, und landesweite Laubvorhersagen weisen die Laubschauer darauf hin, an welchen Orten zu welchem Zeitpunkt der farbliche Höhepunkt stattfindet.

Leaf peeping in Nordamerika ist konnotiert mit Freiheit, weiten Räumen, Abenteuer und wilder Natur. Man fährt in die Berge, man fährt über Land, man verbindet sich mit den Wäldern und der Witterung, man hat teil an der Schönheit des Landes. Insofern handelt es sich um mehr als einen einfachen Ausflug. Unvermeidlich findet auf einer solchen Tour eine Sensibilisierung statt. Wer nach rotem Laub Ausschau hält, würdigt auch andere Farbphänomene, sieht orangene Kürbisse, violette Beeren, selbst rötliche Hölzer mit anderem Blick.

Momijigari

In Ostasien hat die Bewunderung des Herbstlaubes eine tausendjährige Tradition. Wenn sich der Japanische Ahorn im Herbst orange, karmesinrot oder magenta färbt, zieht es die Laubbetrachter in Massen zu den berühmtesten Tempelgärten des Landes, und jedes einzelne Ahornblatt wird ausgiebig von allen Seiten fotografiert. Rotes Ahornblatt auf einem Moospolster. Knallroter Ahorn, gespiegelt im Teich. Roter Ahornzweig vor dem Berg Fuji. Nach Einbruch der Dämmerung werden die Bäume vielerorts illuminiert, und Paare im Kimono wandeln unter den bunten Kronen, bis das Laub schließlich fällt.

Momijigari, die Laubschau in Japan, ist konnotiert mit einer überaus verfeinerten Ästhetik, hoher Bildung und einem spirituellen Bezug zu den Erscheinungen der Jahreszeiten. Wer rote Blätter betrachtet, steht in einer Reihe mit den hochstehenden Persönlichkeiten vergangener Jahrhunderte, die irgendwann begannen, das rote Herbstlaub der spektakulären Kirschblüte vorzuziehen, um damit ihren exquisiten Geschmack zu beweisen.

Alleinstellungsmerkmal

Der Laubtourismus ist in Asien und in Amerika eine wichtige Einnahmequelle. Es gibt Rankings der besten Orte, es gibt Pauschalreisen ab Frankfurt am Main, es gibt einen amerikanischen Versandhandel, der einzelne gepreßte Herbstblätter für etwa 20 Dollar das Stück in alle Welt versendet. Zu den entsprechenden Zeiten im Jahr sind Hotels in der Regel ausgebucht. Doch selbst für Frühbucher gibt es keine Garantie, das Herbstlaub zur besten Zeit zu erwischen, denn der Höhepunkt unterliegt klimatischen Schwankungen, er kann sich um Wochen verschieben, man kann ihn nicht weit im Voraus einplanen, er ist ein Glück.

Nur wenige Regionen auf unserem Planeten verfügen überhaupt über laubfärbende Bäume. Große Teile des irdischen Waldes bestehen aus immergrünem Regenwald, aus Nebelwäldern, aus Lorbeerwald, aus Eukalyptuswald, aus borealem Nadelwald. Ein Farbwechsel der Blätter entsteht nur beim sommergrünen Laubwald. Nennenswerte Herbstlaubvorkommen finden sich daher ausschließlich in der gemäßigten Klimazone von Europa, Ostasien und der Osthälfte von Nordamerika.

Herbstlaub

Erstaunlich ist unter diesen Bedingungen, daß bei uns in Europa von der Laubfärbung keinerlei Aufhebens gemacht wird.

Wenn man ein Stichwort wie »Herbstlaub« googelt, geht es in erster Linie um die Räumpflicht, um gefährlich rutschiges Laub auf nassen Bürgersteigen, um Nachbarschaftsstreitigkeiten, weil sich das fallende Laub nicht an Grundstücksgrenzen hält, es geht um geeignete Laubbläser und Entsorgungsfragen. Herbstlaub ist unerwünscht, stört den Tagesablauf und enthält allergieerregende Schimmelpilze.

Hinweise auf gute Baumfarben in Deutschland werden ausschließlich von Amerikanern gepostet. Amerikaner schwärmen von herbstlichen Fahrten durchs Rheintal oder von Wanderungen in den hessischen Märchenwäldern. Sie sind beeindruckt vom konstant schwarzfärbenden Schwarz-

wald und haben einen Blick für die feinen Abstufungen von Gelb, die in unseren Breiten tatsächlich einmalig sind.

Goldener Oktober

In Deutschland färben sich die Bäume auffällig und atemberaubend, aber sie färben sich für gewöhnlich nicht in jenem Blutrot, das das Adrenalin in die Höhe schießen läßt. Sie üben nicht die Signalwirkung aus, die wir sonst mit roten Ampeln und Stoppschildern verbinden. Sie sind prächtig, aber sie verfügen über ein kleineres Spektrum. Sie bleiben gewöhnlich im gelben Bereich.

Die Rotbuche variiert von gelb zu rotorange bis rotbraun, die Birken schimmern hellgelb bis goldgelb, die Stieleiche wird samtgelb bis ocker. Kastanien, Ahorne, Ulmen, Linden, Eschen, Erlen, alle weisen spezifische Gelbtöne auf, die zu Gold werden, wenn das Licht im richtigen Winkel einfällt. Dies ist im Oktober häufig der Fall.

Merkwürdigerweise ist dieser Goldene Oktober, ein Prunkphänomen unserer Witterungsbedingungen, keineswegs so populär, wie er sein könnte.

Der Goldene Oktober in Deutschland ist verbunden mit Wanderungen in Weingegenden und mit dem Münchner

Oktoberfest, also quasi unauflöslich an Alkoholkonsum gekoppelt. Der Goldene Oktober benötigt eine Infrastruktur von Biertischen und lauschigen Lauben, benötigt deftige Mahlzeiten und Feierlaune, um überhaupt zur Geltung zu kommen.

Sind also rote Blätter besser als gelbe?

Straßenbäume

Ein Baum kann als ästhetisches Phänomen betrachtet werden, aber ebensogut als Ausdruck der historischen, politischen, geographischen, ökologischen Bedingungen seines Standorts.

Straßennamen wie Kastanienallee, Pappelallee oder Birkenstraße verweisen auf die Baumart der Erstbepflanzung. Nicht immer ist von den namensgebenden Bäumen heute noch besonders viel zu sehen, aber bei einem Gang durch die berühmte Prachtstraße Unter den Linden kann es eine gewisse Befriedigung auslösen, wenn dort tatsächlich Linden wachsen, im Sommer ihren unvergleichlichen Duft verströmen und ihren Anteil zur Berliner Luft beitragen.

Die Linde gilt seit Jahrhunderten als beliebter Stadtbaum, und die Vielzahl an Berliner Linden legt davon Zeugnis ab. In neuerer Zeit sieht man an ihnen einige Nachteile. So tropft im Sommer von den Linden Honigtau und verklebt die Scheiben der Fahrzeuge, die unter den Bäumen parken. Von Kastanien fallen harte Früchte auf Autos, Obstbäume ziehen im Spätsommer Wespen an und hinterlassen auf den Bürgersteigen rutschiges Fruchtmus. Wichtig ist für Stadtbäume, daß sie den Verkehr nicht behindern, die Sicht nicht versperren und nicht zuviel Licht schlucken. Ein guter Straßenbaum ist unempfindlich gegen Abgase, er kann Klimaschwankungen tolerieren, er ist robust.

Rotmode

Ich habe mich seit einigen Jahren mit dem Zustand der Berliner Straßenbäume beschäftigt, und auffällig ist, daß zunehmend Bäume in der Stadt gepflanzt werden, die im Herbst eine dekorative Rotfärbung zeigen.

Im Berliner Regierungsviertel beispielsweise hat man einige Reihen von Eichen neu angelegt. Die Eiche gilt bekanntlich seit der Märzrevolution als Nationalsymbol, und im Bild des Eichenlaubs präsentieren sich Werte wie Einheit, Beständigkeit und Treue. Es handelt sich bei diesen Eichen allerdings nicht um die Stieleiche, auch »Deutsche

Eiche« genannt, sondern um die Sumpfeiche (Quercus palustris). Die Sumpfeiche stammt aus Nordamerika, und ihre Blätter leuchten im Herbst in flammendem Scharlachrot. Allerdings fand man in Berlin den Namensbestandteil »Sumpf-« für das Regierungsviertel nicht so passend. Kurzerhand hat man diese Baumart in »Spree-Eiche« umbenannt, weil sie in Spreenähe steht. Zugleich wird diese amerikanische Eiche damit eingemeindet, denn unter »Spree-Eiche« wird man sich zunächst eine heimische Baumart vorstellen.

Rotmodus

Jene Bäume, die zum Rotmodus fähig sind, eignen sich hervorragend als Schmuckbäume, aber sie eignen sich auch als Indikatoren für ökologische Prozesse. Seit einigen Jahren nehmen die Sommerhitze und die Trockenheit zu. Speziell für die Stadtbäume werden die Bedingungen extremer, und die Gartenbauämter prüfen neue Baumsorten auf ihre Eignung als Straßenbaum. Da sowohl in Nordamerika als auch in Ostasien in den Sommermonaten höhere Durchschnittstemperaturen herrschen als bei uns, hofft man, mit Bäumen, die aus diesen Regionen stammen, Straßenbäume zu

gewinnen, die den Klimaveränderungen auch in den kommenden Jahren standhalten können. Je mehr rotfärbende Bäume, ließe sich pauschalisieren, desto wärmer wird es oder ist es schon geworden. Der Rotmodus auf den Stadtstraßen also ein Alarmsignal? Wenn man die aktuellen Publikationen zum Thema Straßenbäume liest, ist von Panik nichts zu spüren, wohl aber strengt man jahrzehntelange Testreihen für den Straßenbaum der Zukunft an, der euphemistisch »Klimabaum« genannt wird und als Warenzeichen eingetragen ist. Damit reagiert man auf Veränderung, als sei das ein naturgegebener Prozeß. Man stellt als Flexibilität dar, als Offenheit für Neues, was in Wahrheit die Suche nach den einfachsten und billigsten Lösungen ist, keine Auseinandersetzung mit den Ursachen, kein nachhaltiges Konzept. Wer vorgibt, sich an den Klimawandel anzupassen, verschafft sich ein dynamisches, zeitgenössisches Image. Mitnichten aber stellt sich die Stadtplanung auf den Klimawandel ein, mitnichten werden Versuche unternommen, Städte so zu bauen, daß die alten Stadtbäume weiterhin existieren können. Eine Stadt mit reduziertem Auto-Individualverkehr, weniger Hitzestaus, weniger zubetonierter Enge wäre auch für ihre menschlichen Bewohner wünschenswert. Stattdessen sucht man nach Baumarten, die solche Bedingungen tolerieren.

Stadtbäume leiden generell unter Witterungsstreß, Hundeurin und Tausalz. Sie sind von Pflanzfehlern beeinträchtigt, von Bodenversiegelung, die ihre Nährstoffversorgung mindert, von Bauarbeiten, die ihre Wurzeln aufgraben, sowie von Verkehrsunfällen mit Baumkollisionen.

Der letzte Straßenbaum-Zustandsbericht Berliner Innenstadt zeigte bereits einen bedenklichen Befund: 2015 wies fast die Hälfte aller Bäume Kronenschäden auf. Seitdem folgte ein extremes Dürreereignis dem nächsten, und es steht zu befürchten, daß praktisch keine der gängigen Straßenbaumarten überlebensfähig ist. Sommerlinde, Spitz- und Bergahorn können den Trockenstreß nicht kompensieren, die Platane leidet an Massaria, einer Krankheit, die dazu führt, daß Äste abbrechen, so daß die Verkehrssicherheit nicht gewährleistet ist, die Roßkastanie ist von der Miniermotte befallen, und das Eschentriebsterben, ausgelöst von einem Pilz mit dem harmlos klingenden Namen Eschenstengelbecherchen, läßt gegenwärtig befürchten, daß die Esche landesweit (europaweit?) verschwinden wird wie vor 100 Jahren die Ulme.

Nun wird erforscht und in Feldversuchen getestet, welches neue sogenannte »Sortiment« sich für mitteleuropäische Städte eignen würde. Heutzutage heißen Bäume »erfolgreich«, wenn sie an ihrem Standort überleben.

Nach dem Zweiten Weltkrieg war der Berliner Baumbestand auf rund 160.000 Exemplare dezimiert. Mittlerweile hat man den Vorkriegsbestand von rund 411.000 Bäumen kontinuierlich wieder aufgebaut. Allerdings vermittelt diese Summe einen falschen Eindruck, denn gerade ältere Bäume sind stärker geschädigt als junge. Daten, Zahlen, Fakten: 2.000 junge Bäume ersetzen ökologisch einen alten. 2.000 Jungbuchen leisten im Hinblick auf Wasserhaushalt, Luftqualität und Feinstaubfilterung ebenso viel wie eine 100-jährige Buche. Wenn also 400.000 alte Bäume mit 400.000 jungen Bäumen statistisch keineswegs zu vergleichen sind, sind Neupflanzungen nur ein Teil der Lösung. Man sollte nicht Baumexemplare gegeneinanderhalten, sondern die Größe und Dichte der Kronen, die jährlich vorhandene Menge an Laub.

Baumbeschwörung

Das Blattwerk oder Laubwerk, auf französisch *feuillage*, englisch *leaf*, italienisch *ornato a foglia*, spielte über Jahrhunderte eine zentrale Rolle in der Ornamentik. In der

Architektur der Antike fand sich Blattwerk an den Säulen (-kapitellen) und veranschaulichte damit die Konstruktion, unterstrich die Stützfunktion der tragenden Elemente, behauptete die Ähnlichkeit zum Baum mit seinem Stamm und dem Blätterdach, brachte die Anmutung des heiligen Hains in den Tempel und später in die Kirchen.

Man unterscheidet in der Baukunst Blattwerk, das struktiv, also zum Aufbau gehörend, verwendet wird, und solches, das vorrangig zur Dekoration dient und auf gefällige Weise neutrale Flächen ausfüllt. Noch heute ist dekoratives Blattwerk in unseren Städten allgegenwärtig, es schmückt Fassaden, Sockel und Gitter, man findet es auf Möbeln, Besteck und Geschirr. Doch keineswegs wird damit das Bedürfnis befriedigt, sich die Natur ins Haus zu holen, wie wir es heutzutage mit Zimmerpflanzen versuchen. Vielmehr bleibt es das heimliche Ziel solcher Dekoration, den belaubten Gegenstand wieder zu sakralisieren.

Auch in der Buchkunst kommt dem Blattwerk die Aufgabe zu, den Text nicht nur zu zieren, sondern ihn zu einem geistigen Garten zu machen, zu einem paradiesischen Bereich, dem Raum der Schrift.

Blattmasken

Rankenwerk um Initialen, Illuminationen aus Zweigen, aus Bäumen – das Blattwerk, zunächst wohl der Natur abgeschaut, wird im Laufe der Geschichte immer wieder zu einem Ornament, das aus eigenen Formgesetzen heraus selbständig wuchert, das abstrahiert und reduziert oder im Gegenteil angereichert und vervielfacht wird und immer wieder einen Punkt erreicht, an dem es Pflanzliches nur mehr symbolisiert, die bloße Idee eines Baumes andeutet, stilisierte Bäume zu phantasmagorischen Wesen entwickelt. Diese Bäume verweisen weniger auf die Bäume im Wald als auf den Baum der Erkenntnis – während der mit Laub dekorierte Mensch nicht etwa zum Weisen, sondern zum Wilden Mann mutiert, zur Blattmaske, einem Gesicht, dessen Haar- und Bartwuchs durch Blätter ersetzt sind; aus dessen Mund Blätter quellen; ein Gesicht, das sich im Wald verbirgt, das in der Wildheit aufgeht.

Baumstruktur

Nach der Rezeption von Noam Chomskys Sprachtheorie, die die »Idee einer angeborenen Sprachfähigkeit« vertritt, wonach »universale Regeln der Satzkonstruktion (...) es ermöglichen, Sätze ins Unendliche zu generieren« (Harald Hartung, FAZ), empfand die dänische Dichterin Inger Christensen die »unbeweisbare Gewißheit, daß die Sprache die unmittelbare Verlängerung der Natur ist. Daß ich dasselbe Recht hatte zu sprechen, wie der Baum, Blätter zu treiben.« (Inger Christensen, Der Geheimniszustand und das Gedicht vom Tod. Essays, 1999.) Auf dieser Grundlage konstruierte sie ihr Langgedicht »Alphabet«, in dem sich Linguistik und Biologie, mathematische und musikalische Strukturen, Einzelheit und Masse zu einem kosmologischen Gebilde fügen, das mit der Zeile anhebt: »Die Aprikosenbäume gibt es, die Aprikosenbäume gibt es.«

Der Aufbau dieses Gedichts mittels Fibonacci-Folge und Permutationen ist angelehnt an die Baumstruktur, wie sie in Mathematik, Logik und Informatik eingesetzt wird. Ihr kommt dabei zugute, daß der Baum in diesen Bereichen bereits als abstrahiertes Ordnungselement eingesetzt wird, als Baumdiagramm etwa in Form des Wahrheitsbaums oder des Entscheidungsbaums, und daß es eine Figur ist, mit der sich auch größere Datenmengen bewältigen lassen. In der Graphentheorie spricht man von ungerichteten und gewurzelten Bäumen, von *Out-Trees* und *In-Trees*, und bestimmte Komplexe solcher graphischen Bäume bilden einen spannenden Wald.

Baumbilder

Die schiere Masse an Wörtern, die sprachliche Fülle aufgefaßt als Laub?

Das Wachstum der Natur enggeführt mit dem schöpferischen Potential der Sprache?

Die Rede über Bäume spiegelt in der Regel besonders deutlich das grundsätzliche Problem der Benennung von Welt. Der Baum mit seinem wogenden Laub bleibt stets ein Geheimnis, er bleibt das Unerkennbare und Unbeschreibliche, der Gegenstand, an dem die Sprache scheitert.

Daher nützt es kaum, einen Baum minutiös zu beschreiben. Ein Blatt, ein weiteres Blatt, noch eins und noch eins? Müßte ich nicht jedes einzelne Blatt aufzählen, auch die Blätter, die von anderen Blättern verdeckt sind?

In der Malerei gibt es gängige Techniken, um die Illusion von Blättern zu erzeugen. Dabei kommt es darauf an, das

Laub summarisch zu behandeln und seine Vollständigkeit nur anzudeuten. Der Betrachter ergänzt eine massenhafte Wiederholung von Einzelheiten zu einer Vorstellung von Fülle.

Im Medium der Sprache gibt es für diese Technik kein befriedigendes Äquivalent. Wiederholungen und geringfügige Modifikationen langweilen schnell. Abkürzende Darstellungskonventionen sind allenfalls die Namen der Baumarten. Eine Buche. Eine andere Buche. Eine Rotbuche. Diese Namen können nur dann ein Vorstellungsbild hervorrufen, wenn man schon vorher weiß, wie der Baum aussieht.

Naturdichtung

In der klassischen Lyrik bildet der Baum in der Regel die stimmungsvolle Kulisse für menschliche Gefühlslagen. Leid und Freude, Abschied oder Einsamkeit haben ihre typischen Bäume, unter denen sie sich am besten entfalten können, weil der kulturelle Kontext einen Zusammenhang stiftet. So ist die Linde zuständig für die Themenbereiche Liebe und Heimat, die Eiche für Beständigkeit und Politik. Die Buche, die im Herbst rötlich tendiert, verweist auf fieberhaften Trennungsschmerz, der blühende Obstbaum

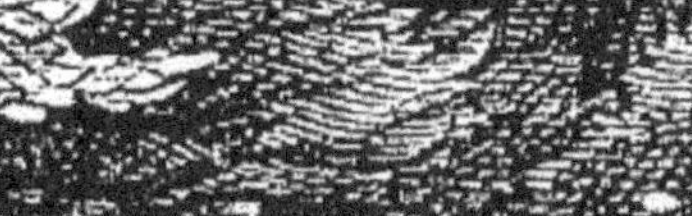

in seiner pergamentenen Durchsichtigkeit flankiert Erlebnisse aus dem Bereich der Mystik.

In der Lyrik wimmelt es von Baumgedichten, es gibt unzählige Texte über Eichen, Linden, Eschen, Birken, Buchen, um nur die deutschen Standardbäume zu nennen. Je näher man sich diese Texte jedoch anschaut, desto deutlicher wird, daß der Baum als reines Stimmungselement fungiert. Er wird aufgerufen, nicht evoziert, er ist ein Modul im romantischen Baukasten, er tritt mit seinem sagenhaften Laubwerk genaugenommen kaum in Erscheinung. Aber er prägt die Atmosphäre des Gedichts, es reicht, eine bestimmte Baumart aufzurufen, um eine emotionale Atmosphäre zu schaffen.

Deutscher Wald

Nun ist es tatsächlich so, daß Bäume Atmosphäre erzeugen, und zwar jede Art eine spezifische, abhängig von Bodenverhältnissen und Symbionten, das sogenannte Kleinklima. Wird sich mit dem Wandel des Weltklimas auch das Klima in der Kunst verändern? Wird ein gravierend veränderter Baumbestand in unseren Breiten Auswirkungen haben auf Gefühlslagen, auf Verfahren?

In der Gegenwartskunst scheint die besondere Atmosphäre einzelner Baumarten längst verzichtbar, die Dorflinde etwa ist kein Lebensmittelpunkt mehr, und die psychisch bewegenden Situationen spielen sich seltener unter Bäumen ab.

Die Wissenschaft geht schon seit Jahren davon aus, daß ein großangelegter Austausch von Bäumen unvermeidlich ist, und es mag durchaus eine Zunahme an Diversität bedeuten. Aufgrund der letzten Eiszeit verfügt Europa, im Vergleich etwa zu Nordamerika, um eine signifikant geringere Anzahl an Baumarten. Mit den neuen Klimabäumen würde hier aufgestockt, und im Gegenzug könnten die Gewächse, die für die markantesten Klischees im Bereich der Kultur verantwortlich sind – die Deutsche Eiche, die russische Birke, die Tanz- und Gerichtslinde, die hohen Tannen – unauffällig verschwinden.

Baumwahrnehmung

Der Dichter Rainer Maria Rilke schildert in seinem kleinen Prosatext »Erlebnis (I)«, wie sich der Protagonist, ein namenloser »er«, an einen Baum lehnte, und dann so, »völlig eingelassen in die Natur, in einem beinah unbewußten

Anschaun verweilte. (…) Es war, als ob aus dem Innern des Baumes fast unmerkliche Schwingungen in ihn übergingen; (…) er meinte, nie von leiseren Bewegungen erfüllt worden zu sein, sein Körper wurde gewissermaßen wie eine Seele behandelt (…)«.

Der hier berichtet, tastet nach Worten, die diesem Erlebnis gerecht werden könnten, und er findet schließlich, »er sei auf die andere Seite der Natur geraten. Wie im Traume manchmal«, so wird eine Erklärung gesucht, oder »genau wie ein Revenant, der, schon anderswo wohnend, in dieses zärtlich Fortgelegtgewesene wehmütig eintritt, um noch einmal, wenn auch zerstreut, zu der einst so unentbehrlich genommenen Welt zu gehören«.

Naturästhetik

Es ist vielleicht dieses Gefühl, daß der Verlust schon längst eingetreten ist, das der Debatte um den Klimawandel einerseits einen krampfhaften Fortschrittsoptimismus im Sinne der *Ecotechnology*, andererseits einen Anstrich von Hoffnungslosigkeit beifügt. Bodenversiegelung, Straßenbegleitgrün, Starkastbereich, Baumkataster – diesen recht nüchternen Begriffen aus dem Bereich der Stadtbaumpflege steht die ökonomische Metapher des unbegrenzten Wachstums gegenüber, angewendet auf eine Wirtschaftsentwicklung, die letztlich die Sehnsucht nach dem Unendlichen befriedigen soll, nach der romantisch aufgefaßten Natur.

In der kapitalistischen Welt verengt sich der Raum zunehmend durch ungezügeltes Wachstum. In der Kunst kann eine Weitung entstehen: Der euklidische Raum wird in einen geistigen Raum überführt. Dies ist auch die Freiheit, die die Romantiker anvisierten, als sie das Denken in geschlossenen Systemen aufgaben, als sie sich ins Offene wandten.

Wenn wir die Natur bewahren und eine ökologische Katastrophe verhindern wollen, ist eine neue Romantisierung der Welt, eine poetische Naturwahrnehmung unumgänglich. Es geht dabei nicht um sentimentale Verklärung, es geht um die grundlegenden Tatsachen unserer Existenz.

Die Kunst kann mit den ihr genuinen Mitteln zwei komplementäre Erkenntnisbewegungen zum Klimadiskurs beitragen: Sie kann die scheinbare Selbstgenügsamkeit eines Ichs aufbrechen, das sich unbetroffen fühlt, weil es seine grundsätzliche Verbundenheit leugnet, und sie kann den (nichtpekuniären) Wert der verschwindenden Lebensräume, der verschwindenden Arten vor Augen führen.

»Die Welt muß romantisiert werden«: Ich möchte diese Formel heute wieder als Forderung der Aufklärung verstehen, also als Forderung der Vernunft, die Fragilität und Einzigartigkeit lebender Wesen wahrzunehmen und ihnen mit Freundlichkeit und Respekt zu begegnen.

GESPRÄCH MIT MARION POSCHMANN

Ihr Text Laubwerk *wird mit dem WORTMELDUNGEN-Literaturpreis 2021 ausgezeichnet. Was bedeutet Ihnen diese Auszeichnung?*

Mir ist diese Auszeichnung wichtig, weil sie nicht nur einen literarischen Text hervorhebt, sondern auch meinem Anliegen einen besonderen Nachdruck verleiht. Ich bin dankbar, dass mit diesem Preis die Stadtbäume etwas stärker in den Fokus rücken, dass diese Bäume und all das, wofür sie stehen, ein Forum erhalten.

Sie schreiben als Autorin sowohl Lyrik als auch Prosa und sind in beiden Ausdrucksformen gleichermaßen erfolgreich. Wie entscheiden Sie, welche Form Sie wählen, welche Form die geeignetere ist? Warum war für Ihren Text »Laubwerk« ein Kurztext bzw. die essayistische Form die bestmögliche Ausdrucksform?

Form und Inhalt bedingen einander in der Literatur, daher ist die Entscheidung für eine bestimmte Form eigentlich keine Wahl zwischen mehreren Möglichkeiten, sondern im besten Fall ergibt sich die angemessene Form aus dem Schreibprozess, und ich entscheide mich dann, dabei zu bleiben und diese Form zu forcieren. Bei dem Text *Laubwerk* handelt es sich um einen Essay, der keiner diskursiven Logik folgt, sondern eher einer poetischen Argumentation aus Spiegelungen, Widersprüchen, Überblendungen. Ich wollte mich meinem Gegenstand von verschiedenen Seiten annähern, unterschiedliche Aspekte aufzeigen, Facetten, die jeweils ein anderes Bild zeigen. Es sind kurze Abschnitte mit einer Zwischenüberschrift, die jeweils für sich stehen könnten, die einander ergänzen und die in ihrer Abfolge doch einen Gedankengang abbilden, der dem Thema immer weitere Schichten hinzufügt.

Ihr Schreiben wird häufig dem Nature Writing zugeordnet. Welche Parallelen und welche Unterschiede sehen Sie zwischen Ihrem Schreiben und der angloamerikanischen Tradition des Nature Writings? Was macht zeitgenössisches Nature Writing aus?

Ich selbst verwende für einige Aspekte meines Schreibens eher den Begriff Naturdichtung, aber ich sehe zum Nature Writing durchaus einige Gemeinsamkeiten. Der literarische Naturbezug hat in Deutschland spätestens seit der Romantik eine Tradition, die allerdings nicht so kontinuierlich fortgesetzt wurde wie im angelsächsischen Raum. In Deutschland gab es immer wieder und ganz besonders in der Nachkriegszeit ein politisch motiviertes Misstrauen gegenüber der Natur als einem Sujet der Kunst. Schnell kam der Verdacht auf, sich in eine falsche Idylle zurückzuziehen, wenn man »Petersil und Dill« besang oder sich ausgerechnet mit Bäumen beschäftigte. Bertolt Brecht hat diese Zeitstimmung in dem berühmten Zitat aus dem Gedicht »An die Nachgeborenen« zusammengefasst: »Was sind das für Zeiten, wo / Ein Gespräch über Bäume fast ein Verbrechen ist / Weil es ein Schweigen über so viele Untaten einschließt!« In der Ökobewegung der 1980er Jahre kam die Natur zwar wieder als Thema vor, aber mit der zunehmenden Dringlichkeit des Naturschutzes verlor sich auf der Seite der Kunst die ästhetische Qualität. Das Spezifische am Nature Writing ist vielleicht, dass beim Schreiben über Natur der Kunstanspruch nicht vernachlässigt wird, dass ein gewisses Niveau nicht unterschritten wird, weil es zu den Kriterien dieses Schreibansatzes gehört, genaue Beobachtung mit Sorgfalt und Konzentration im Ausdruck zu verbinden. Nature Writing geht mit einer Verfeinerung der Wahrnehmung einher, und diese Sensibilität, sowohl der Welt als auch der Sprache gegenüber, trägt dazu bei, sorgsamer mit dem umzugehen, was wir gewöhnlich unter »Natur« subsumieren.

Bevor Sie in Ihrem Text auf die Straßenbäume und damit auch auf ganz konkrete Auswirkungen des Klimawandels kommen, behandeln Sie die kulturellen Unterschiede in der Wahrnehmung der Laubfärbung in Kanada, Ostasien und Mitteleuropa und stellen fest, dass der »Goldene Herbst« in Deutschland vergleichsweise unterbewertet ist. Was hat es mit diesen Unterschieden auf sich?

Tatsächlich ist es ein Phänomen, dass in Ländern wie Kanada oder Japan, in denen sich die herbstlichen Bäume sehr prächtig zeigen, der Laubfärbung eine besondere Aufmerksamkeit entgegengebracht wird. Wir in Mitteleuropa hingegen nehmen die Wandelbarkeit der Laubbäume als selbstverständlich hin. Das ist im Vergleich erstaunlich ignorant, und ich habe länger mit dem Gedanken gespielt, einen Herbstlaubführer für Deutschland zu initiieren: Wo sind die schönsten Stellen, die besten Farben, welche Baumarten färben sich besonders intensiv? Aber davon bin ich wieder abgekommen, man muss nicht alles institutionalisieren, nicht aus allem gleich ein Spektakel machen. Es liegt auch etwas Zauberhaftes darin, zu wissen, dass es eine Besonderheit wie den Goldenen Oktober gibt, und dass man von diesem goldgelben Laub an manchen Tagen überrascht werden kann, ein temporärer Goldschatz gewissermaßen, dessen Schönheit auch darin besteht, dass er sich nicht festhalten oder aufsparen, nicht sammeln, nicht horten lässt.

In ihrem Text behandeln Sie Aspekte der Biologie, Politik und Poetik der Pflanze am Beispiel des Stadtbaums. Warum eignet sich dieser so gut als Ausgangspunkt der Überlegungen?

Im Nature Writing gibt es das Verfahren des »Deep Mapping«. Man geht von einem bestimmten Punkt aus, wie zum Beispiel von einer Brücke oder einer Wegkreuzung, beschreibt diese Örtlichkeit, und dann geht man an diesem Punkt in die Breite und in die Tiefe, reichert seine konkreten Eindrücke mit historischem, politischem, landschaftlichem Wissen an, um diese eine Stelle in der Welt genauer kennenzulernen und zugleich ihre vielen Dimensionen mitzudenken. Für dieses Verfahren eignet sich der Stadtbaum so gut, weil jeder einzelne Baum ein Ausweis der Geschichte, der vergangenen Zeiträume an seinem bestimmten Standort ist, man denke nur an die Beschaffenheit des Erdreichs, an den Kriegsschutt, verbuddeltes Baumaterial, was sich alles in so einem Stück Stadtboden ansammelt. Dann weist der Baum aber auch über sich hinaus auf allgemeinere Vorgänge wie die Verkehrsplanung oder Klimaveränderungen; das ist ein unerschöpfliches Unterfangen, und mein Text zeigt eigentlich nur einen kleinen Ausschnitt von dem, was sich näher zu untersuchen lohnte.

»Der Baum als solcher bleibt stets ein Geheimnis, er bleibt das Unerkennbare und Unbeschreibliche, der Gegenstand, an dem die Sprache scheitert«, schreiben Sie in Ihrem Text. Und weiter: »Die Rede über Bäume spiegelt in der Regel besonders deutlich das grundsätzliche Problem der Benennung von Welt«. Was macht Bäume in diesem Zusammenhang so besonders?

Bäume sind nicht nur ein Faktor in der Naturgeschichte, sondern sie erzeugen auch einen kulturellen Hallraum. Sie werden als Symbol für alles Mögliche verwendet, zum Beispiel das Eichenlaub: Eichen sind wohl von allen Baumarten die staatstragendsten. Man findet Eichenlaub auf militärischen Rangabzeichen, es markiert eine hierarchische Stufenfolge, bronzenes, silbernes, goldenes Eichenlaub. Auch auf den deutschen Centmünzen ist Eichenlaub abgebildet. Auf den Centmünzen der anderen Euro-Staaten finden sich Würdenträger und repräsentative Gebäude, Laub hat nur Deutschland. Solcherlei kulturelle Aspekte spielen in das Sprechen über Bäume mit hinein, ein Baum ist nichts Neutrales, sobald man ihn benennt, steht er in einem riesigen Kontext. Das gilt natürlich für sämtliche sprachlichen Operationen, aber anhand von Bäumen kann man sich diesen Vorgang besonders gut bewusst machen.

»Wenn wir die Natur bewahren und eine ökologische Katastrophe verhindern wollen, ist eine neue Romantisierung der Welt, eine poetische Naturwahrnehmung unumgänglich«, schreiben Sie. Was meinen Sie mit einer solchen Romantisierung konkret und was kann durch sie erreicht werden?

Ich möchte Romantisierung als einen Teilaspekt der Aufklärung verstanden wissen. »Die Welt romantisieren heißt, sie als Kontinuum wahrzunehmen, in dem alles mit allem zusammenhängt«, schreibt Novalis in seinen Fragmenten. In der Aufklärung war die Devise, sich seines eigenen Verstandes zu bedienen. Das hat unter anderem den wissenschaftlichen und technischen Fortschritt befördert, bis zu dem Punkt des Übermaßes, an dem wir heute sind. Die Romantik hat den Aspekt der Empfindung hinzugefügt: Das Subjekt kann sich aus seiner Unmündigkeit und Abhängigkeit befreien, indem es einen unendlichen Gefühlsraum betritt. Diese Empfindsamkeit könnte dazu beitragen, sich selbst als einen Teilhaber im Kontinuum der Welt zu akzeptieren, den Punkt, von dem aus alles mit allem zusammenhängt. Das ökologische Ungleichgewicht geht durch den menschlichen Körper hindurch, die Probleme der Natur spiegeln sich in Geist und Psyche, Romantisierung könnte auch ein Schritt sein, dies überhaupt zu bemerken.

Unter dem Schlagwort Anthropozän findet das Thema Natur derzeit wieder stärker Beachtung. Natur ist nicht mehr Idylle und Moment des Schönen, vielmehr Schauplatz von Umweltproblemen, Verkehrspolitik und Klimawandel. Was ist die besondere Qualität von Kunst in Bezug auf den Klimawandel? Was kann sie – insbesondere auch in Abgrenzung zur Wissenschaft – erreichen?

Ein auffälliger Aspekt am Anthropozän ist die Ungreifbarkeit. Die wissenschaftlichen Erkenntnisse zum Klimawandel und den damit verbundenen Problemen lassen sich schwer kommunizieren, sie sind oft abstrakt, und die konkreten Auswirkungen für den Einzelnen bleiben vage oder schlagen sich anderswo nieder, weit weg. Die Informationen der Wissenschaft erreichen viele Leute kaum, sie treffen, plakativ gesagt, die Menschen nicht ins Herz. Hier läge das Potential von Kunst: das Ferne nah heranzuholen, das Abwesende in die Gegenwart zu bringen, das Unsichtbare sichtbar zu machen, dem Unsagbaren Ausdruck zu verleihen.

Seit dem März 2020 konzentrieren sich Politik, Medien und Gesellschaft fast ausschließlich auf die Corona-Pandemie, ihre Bekämpfung und Auswirkungen. Sehen Sie einen Zusammenhang zwischen dieser Situation und der in Ihrem Text angesprochenen Klimakrise, die uns auch zukünftig weitaus intensiver beschäftigen wird als Covid-19?

Nach allem, was ich weiß, muss die Corona-Pandemie als eine Auswirkung der Klimakrise aufgefasst werden. Zoonosen entwickeln sich, weil Wildtiere sich nicht mehr in ungestörte Lebensräume zurückziehen können, weil die Menschen mit ihren Aktivitäten ihnen nicht genug Platz lassen, weil sich die Bereiche zu sehr vermischen. Das Artensterben, die Versauerung der Meere usw. sind ebenfalls Folgen eines Verhaltens, das Raubbau an den Ressourcen betreibt, ohne Ausgleich zu schaffen, das ohne Behutsamkeit auf die Welt zugreift, bis nicht mehr ausreichend übrig ist. Die Pandemie wäre ein Anlass, diese Lebensweise grundsätzlich zu überdenken. Ich wundere mich, dass diese Chance nicht genutzt wird.

Welche Rolle bzw. welche Kraft hat Literatur ganz allgemein im Hinblick auf gesellschaftspolitische Fragen?

Literatur kann neue Möglichkeiten des Denkens erproben. Sie kann wacher, sensibler, klüger machen, sie erweitert, kurz gesagt, das Bewusstsein. Ich sehe es nicht als vordringlichste Aufgabe der Kunst, gesellschaftspolitische Fragen zu beantworten. Aber in einem durch Kunst geweiteten Bewusstsein lassen sich im Zweifelsfall die besseren Antworten auf jegliche Fragen finden.

Das Gespräch führten Sandra Poppe und Katja Schaffer.

LAUDATIO

Christine Lötscher

Rot, knallrot, sommergrün, blutrot, rotorange, rotbraun; hellgelb, goldgelb, samtgelb, ocker – das sind nur ein paar wenige unter den sprachlichen Farb- oder farblichen Sprachnuancen, die Marion Poschmann herbstlichen Baumkronen und fallendem Laub entlockt, in ihrem Essay, für den sie mit dem WORTMELDUNGEN-Literaturpreis 2021 ausgezeichnet wird. Schon in der Wahl des Titels – »Laubwerk« – zeigt sich die Vielschichtigkeit, die naturkulturelle Verflochtenheit ihres literarischen Unterfangens. Mit Laubwerk könnte mehr als nur die Gesamtheit der Blätter eines Baumes gemeint sein, sondern das künstlerische Schaffen, das die Bäume in den Blick nimmt, das alltagskulturelle Machen, das den Bäumen einen Platz und eine Funktion zuweist. Laubwerk ließe sich verstehen als Hinweis auf eine Poiesis, oder, mit Donna Haraway gesagt, eine Sympoiesis, ein Zusammen-Machen von Wirklichkeit, an dem unterschiedlichste Wesen und Dinge beteiligt sind.

Denn Bäume sind nie einfach nur Bäume: »Ein Baum«, schreibt Poschmann, »kann als ästhetisches Phänomen betrachtet werden, aber ebensogut als Ausdruck der historischen, politischen, geographischen, ökologischen Bedingungen seines Standorts.« Die Idee, vielleicht sogar der Wunsch, die Geschichte der Menschheit anhand ihres Zusammenlebens mit Bäumen zu erzählen, liegt schon länger in der Luft. Marion Poschmann findet in ihrem Essay einen ganz eigenen, ebenso engagierten wie witzig-ironischen Zugang dazu. Ihr Text ist wie ein Baum: Was wir schwarz auf weiß haben, ist ein elegant komponierter Bruchteil von dem, was die Autorin sich an Wissen angeeignet hat. Der Rest ist nur als unendliches Wurzelrhizom zu erahnen.

Während sich die Menschen trotz schmelzender Polkappen und Gletscher nicht von der Idee des grenzenlosen Wachstums verabschieden können, zelebrieren sie die Schönheit der Vergänglichkeit in der Natur, dieses radikale Aufleuchten und Aufblühen. In Nordamerika strömen sie, wie Marion Poschmann erzählt, in die Herbstwälder, wo vor allem der Zuckerahorn ein flammendes Rot ausbilden kann. In Japan versichern sich die Laubbetrachter, die »jedes einzelne Ahornblatt ausgiebig von allen Seiten« fotografieren, bei dieser touristischen Praxis aber auch ihres exquisiten Geschmacks. All das dürfte für die meisten Leserinnen und

Leser neu sein, ebenso wie die kulturellen Unterschiede im Umgang mit Schönheiten der Natur. Ganz erstaunlich gehen die Deutschen mit ihren herbstlichen Laubressourcen um. Wenn der Goldene Oktober einkehrt, macht man sich hierzulande auf zu Wanderungen in Weingebiete und unternimmt Ausflüge in Biergärten – als sei die spektakuläre Gelbfärbung »quasi unauflöslich an Alkoholkonsum gekoppelt«. Das goldene »Prunkphänomen unserer Witterungsbedingungen« als solches sei aber gar nicht so populär, wie es sein könnte. Für Marion Poschmann wirft das die Frage nach der Signalwirkung von Laubfarben auf: »In Deutschland färben sich die Bäume auffällig und atemberaubend, aber sie färben sich für gewöhnlich nicht in jenem Blutrot, das das Adrenalin in die Höhe schießen lässt. Sie üben nicht die Signalwirkung aus, die wir sonst mit roten Ampeln und Stoppschildern verbinden. Sie sind prächtig, aber sie verfügen nur über ein kleines Spektrum. Sie bleiben gewöhnlich im gelben Bereich.«

»Die Welt muss romantisiert werden« – dass der Essay mit dem emphatischen Aufruf von Novalis schließt, ist keine Überraschung: Damit zitiert Marion Poschmann eine der berühmtesten Formeln der deutschen Literaturgeschichte, den Satz nämlich, mit dem Novalis die frühromantische Poetik in einer Nussschale zu fassen bekam. Dabei liegt es Marion Poschmann, bei all ihrer weit über den deutschsprachigen Raum hinaus ausgreifenden Gelehrsamkeit, fern, zu zitieren. Vielmehr lässt sie den Satz in ihrem Text wie ein Zauberwort aufleuchten, das einen historischen und kulturellen Echoraum eröffnet. Damit deutet sie an, dass ökologisches Denken durchaus Tradition hat, auch in der westlichen Geistesgeschichte, und was Novalis im späten 18. Jahrhundert formuliert hatte, bekommt durch die aktuelle Perspektive eine neue Bedeutung. »Die Welt romantisieren heißt, sie als Kontinuum wahrzunehmen, in dem alles mit allem zusammenhängt.«

Vor diesem Hintergrund verlangen Forderungen wie jene nach einer nachhaltigeren Lebensweise keinen radikalen Bruch, ganz im Gegenteil. Deshalb, argumentiert Poschmann, sei die Romantisierung der Welt heute als ein Postulat der Aufklärung zu verstehen – die einzig logische

Konsequenz, die sich aus einer Haltung der Vernunft ableiten lasse. Wie elegant sie in ihrem Essay philosophisches Denken mit ganz analytischen, geradezu aktivistisch anmutenden Beobachtungen verbindet, zeigt sich an Sätzen wie diesem: »Eine Stadt mit reduziertem Auto-Individualverkehr, weniger Hitzestaus, weniger zubetonierter Enge wäre auch für ihre menschlichen Bewohner wünschenswert. Stattdessen sucht man nach Baumarten, die solche Bedingungen tolerieren.«

Marion Poschmann ist aber nicht nur für ihre Gelehrsamkeit und ihr subtiles literarisches Engagement für ein anderes Zusammenleben von Menschen und nicht-menschlichen Lebewesen bekannt, sondern auch für ihren hintergründigen Witz und die lyrische Verführungskraft ihrer Sprachassemblagen. Denn wer lesend am Ende des Textes angekommen ist und sich in das Gefüge aus Farben, Klängen und unsichtbaren Verbindungen hineingewagt hat, dessen Welt ist bereits gehörig romantisiert worden. Marion Poschmann verstrickt uns in einen ökopoetischen, eher zyklisch als linear verlaufenden Prozess, der mit der Lektüre nicht etwa an ein Ende kommt, sondern erst richtig beginnt. *Laubwerk* ist ein bildlicher, räumlicher Text mit einem Eigenleben, das sich in den Köpfen der Leserinnen und Leser fortsetzt, wenn sie die lyrischen Miniaturen zu Herbstlaub und Tourismus – in Nordamerika, in Japan – und zu Straßenbäumen in Berlin mit Reflexionen über Bäume im kulturellen Imaginären zusammenfügt, von abstrakten Modellen bis zu stimmungsvollen Kulissen. Teil dieser Assemblage sind immer schon die Farben und die Klänge, die nicht etwa da sind, um die Reflexionen des Textes zu illustrieren. Sie erlangen so etwas wie eigene Handlungsmacht und erweitern den Essay so um die entscheidende Dimension: Auch wenn Menschen schreibend niemals von ihrer anthropozentrischen Perspektive absehen können, gibt es doch die Möglichkeit, einen lyrischen Raum zu schaffen, in dem das Nicht-Menschliche im Mittelpunkt steht.

Manche Leserinnen und Leser werden süchtig nach dieser Kunst des Sehens, in die Marion Poschmann sie verwickelt. Und bei manchen wird sich die Wahrnehmung nachhaltig verändern, sodass sie in Zukunft innehalten, wenn eine im Rotmodus leuchtende Baumkrone oder ein Haufen leuchtgelber Blätter in ihrem Blickfeld erscheint. Denn sie haben gelernt, das Signalrot, mit dem die Berliner Straßenbäume die Hauptstadt im Herbst verwandeln, nicht nur als Schmuck zu sehen, sondern auch als Indikator für ökologische Prozesse.

Marion Poschmann war bereits die deutsche Dichterin des Anthropozäns, als erst eine Handvoll Wissenschaftler mit dem Begriff vertraut war. Literatur hat die Möglichkeit, den Blick von dem wegzulocken, was uns immer schon ins Auge sticht, das wir für unübersehbar und unumgänglich halten.

Dass der WORTMELDUNGEN-Preis 2021 an Marion Poschmanns *Laubwerk* geht, ist auch ein Bekenntnis zur poetischen Wahrnehmung und Gestaltung von Wirklichkeit. Denn es ist eine ethische Haltung, die hier mit der ästhetischen einhergeht, und die letztlich nur durch diese eingeübt werden kann – im ständigen Versuch, Anderes zu sehen, ohne es als das Andere von sich abzutrennen und zu qualifizieren, die eigenen Sensibilitäten als optisches Instrument zu nutzen, einen Blick dafür zu entwickeln, eine Sprache dafür zu finden. Insofern ist Marion Poschmanns *Laubwerk* ein Plädoyer für die künstlerische Arbeit als Form der Auseinandersetzung mit unserer unumgehbaren Verbundenheit mit allem, was wächst und wuchert, blüht und vergeht. Weil Marion Poschmann so tief – verzeihen Sie mir die Baummetapher – in der westlichen Literaturtradition verwurzelt ist, macht sie es Leserinnen und Lesern wiederum leicht, sich, wie eine Schweizer Redensart sagt, auf die Äste hinauszulassen.

Dabei muss man sich immer wieder vergegenwärtigen, wie radikal die Verschiebung der Perspektive eigentlich ist, die Marion Poschmanns Nature Writing mit sich bringt. Unser Blick für Rot- und Gelb- und Grüntöne könnte die Zukunft des Planeten verändern, wenn wir uns auf das Abenteuer einlassen, uns immer wieder aus den Konventionen lösen, den liebgewordenen Baumkulissen und Blätterornamenten, und nach neuen Bildern für das Leben um uns herum suchen. Denn mehr als eine Suche kann es niemals sein, wie Marion Poschmann in *Laubwerk* festhält: »Die Rede über Bäume spiegelt in der Regel besonders deutlich das grundsätzliche Problem der Benennung von Welt. Der Baum mit seinem wogenden Laub bleibt stets ein Geheimnis, er bleibt das Unerkennbare und Unbeschreibliche, der Gegenstand, an dem die Sprache scheitert.«

Dieses Scheitern hat aber nicht das letzte Wort im Essay, vielmehr ist es die fragile Grundlage, auf der alles Sprechen stattfindet. Das letzte Wort hat die Begegnung – zwischen Menschen und all den nicht-menschlichen Lebewesen, die in Marion Poschmanns Schreiben auf ihre ganz eigene Weise zur Sprache kommen.

ÜBER DIE AUTORIN

Marion Poschmann, geboren 1969 in Essen, studierte Germanistik, Philosophie und Slawistik und lebt in Berlin.

Sie erhielt zahlreiche Auszeichnungen für ihre Lyrik und Prosa, zuletzt 2021 den Bremer Literaturpreis für den Gedichtband *Nimbus*. 2019 hielt sie die Zürcher Poetikvorlesungen und 2020 hatte sie die Kieler Liliencron-Poetikdozentur inne.

Ihr Roman *Die Kieferninseln* stand 2017 auf der Shortlist zum Deutschen Buchpreis und 2019 auf der Shortlist des Man Booker International Prize. 2022/23 ist sie Stadtschreiberin in Bergen-Enkheim.

DANKSAGUNG

Besonderer Dank gilt unserer Preisträgerin Marion Poschmann für ihren ebenso sachlichen wie poetischen Text. Bei den Mitgliedern der WORTMELDUNGEN-Literaturpreisjury Anne Zohra Berrached, Hasnain Kazim, Esra Küçük, Ijoma Mangold, Christine Lötscher, Sighard Neckel und Daniela Strigl möchten wir uns für die Nominierung der Preisträgerin sowie der Shortlist 2021 bedanken. Christine Lötscher sei zudem für ihre treffende Laudatio gedankt.

Jörg Sundermeier, Kristine Listau und dem Verbrecher Verlag danken wir für die sehr gute Zusammenarbeit.

WORTMELDUNGEN – Der Ulrike Crespo Literaturpreis für kritische Kurztexte wird jährlich von der Crespo Foundation vergeben.

Zweite Auflage
Verbrecher Verlag Berlin 2022
www.verbrecherei.de

Druck und Bindung: CPI Clausen & Bosse, Leck
Satz: Christian Walter
Abbildungen aus: Meyers Großes Konversationslexikon 1905, ausgewählt von Marion Poschmann

ISBN 978-3-95732-489-4

Printed in Germany

Der Verlag dankt Sophie Böhlke, Alyssa Fenner, Anouk Spilker und Jasper Stephan.